STATUTS ET ORDONNANCES POLITIQUES

CY-DEVANT CONCEDEZ ET Octroyez aux Maistres Jurez Layettiers-Escreniers de ladite Ville de Paris ; verifiez & esmologuez par Monsieur le Prevost de Paris ou son Lieutenant, lesquels ont esté fait pour la conduite, Police & entretenement dudit Mestier, & pour obvier aux Abbus qui se peuvent commettre à l'exercice d'icelluy, tousjours depuis observez ainsi qu'il est porté par chacun des Articles cy-aprés specifiez ; ausquels les Maistres Jurez dudit Mestier qui sont à present ont ajouté quelques autres Articles qu'ils ont trouvé estre necessaires & raisonnables pour l'entretenement dudit Mestier, bien & commodité du Public, tous lesquels ils supplient le Roy vouloir approuver, esmologuer & confirmer.

A PARIS,

Chez LAURENT MAZUEL, ruë de [illegible]rie au bout du Pont Saint Michel.

M. DCCXXV.

STATUTS DES MAISTRES *Layetiers & Escreniers de la Ville de Paris.*

PREMIEREMENT.

QUE ou dit Estat & Mestier, appartenoit de faire Huches de Bois de Hestre.

II.

ITEM. Tous Ecrains & Layettes, tant grandes que petites, à mettre toutes Marchandises.

III.

ITEM. Tous Escrains à Gorge & autrement façon de Bougettes qui se portent à Arçons de Selle, que les Gainiers ont accoutumée couvrir de Cuir.

IV.

ITEM. Toutes Ratiers-Souriciers à prendre ratz & souris & de tout bois

V.

Item. Tous Escrains de Corporaulx.

VI.

Item. Toutes Cages de Bois à Escureüilx & à Rossignols.

VII.

Item. Tous Coffres de Bois cloüez

VIII.

Item. Tous Escrains & Layettes à mettre Trebuchets & toutes sortes de Balences, tant grandes que petites

IX.

Item. Tous Escrains Tabernacle à mettre Image, tant grandes que petites.

X.

Item. Tous Escrains en façon de Pipitre & Escritoire couvert de cuir.

XI.

Item. Touttes Boëtes de Bois de Hestre.

XII.

Item. Tous Escrains en façon de

de Coffrets à pied & ſans pieds & ronds.

XIII.

ITEM. Tous Tableaux à mettre Images à moulure.

XIV.

ITEM. Tous Eſcrains à mettre manicordions & Eſpinettes.

XV.

ITEM. Tous Eſcrains nommé Verier.

XVI.

ITEM. Tous Eſcrains à mettre Sel.

Tous leſquelles & anciennement auroit eſté fait pluſieurs Statuts & Ordonances, qui depuis auroient eſté perdues & adhirez, au moyen de quoi ledit Meſtier & eſtoit mal conduit en ordre & police, pour à quoi obvier lui auroit auſſi preſenté les Articles qui enſuivent. Et premierement.

XVII.

QUE deffenſes fuſſent faites à tous Marchands Revendeurs des Marchandises dessus dites, de non vendre lesdites Marchandises & Ouvrages cy-dessus dites par Articles déclarées, sans avoir esté visitées par les Jurez dudit Mestier, si ils n'avoient esté faits en cette Ville de Paris & par les Maistres dudit Mestier, & sur peine de vingt sols parisis d'amende moitié au Roy, & l'autre moitié à la Confrerie & Jurez dudit Mestier.

XVIII.

Item. Que tous Marchands Forains apportans telles Marchandises comme dessus, soient écrites & déclarées pour les vendre, ne les puissent vendre à nuls, sans ce que premierement n'ayent esté visitées par les Jurez dudit Mestier, & ce sur peine de 20 sols parisis d'amende, moitié au Roy, & l'autre moitié à ladite Confrerie & Jurez.

XIX.

Item. Et après ce que aucun Marchand Forain usant dudit Mestier &

Marchandise aura esté repris d'avoir vendu sadite Marchandise, premier que sadite Marchandise n'ait esté visitée par les Jurez dudit Estat, & qu'il ait esté payé la dessus dite amende, & qu'il persevere ce faire, que sadite Marchandise soit confisquée & mise au profit du Roy, Confrairie & Jurez.

XX.

ITEM. Que nul Maistre dudit Métier ne pourra avoir qu'un Apprentif, néantmoins de six ans en apprentissage, & qu'il en ait Brevet & Lettres, & qu'il en fasse apparoir aux quatre Jurez dudit Mestier, & sur peine de 20 sols parisis d'amende à appliquer ainsi que dessus.

XXI.

ITEM. Que nul desdits Maistres ne pourra user de Bois pourri, fendu, cassé & éclaté sur peine de 20 s. parisis d'amende à appliquer comme dessus.

XXII.

ITEM. Que chacun Apprentif,

comme dit est, paye à son entrée d'apprentissage cinq sols parisis au profit de ladite Confrerie.

XXIII.

ITEM. Quand il aura fait son apprentissage, comme dit est, soit payé autre cinq sols parisis, & ce tout à la Confrerie.

XXIV.

ITEM. Que quiconque voudra estre receu Maistre après son apprentissage, en faisant son Chef-d'œuvre ou autrement, il sera tenu de payer à ladite Confrerie trois Ecus d'Or soleil, & faire les Droits en la maniere accoutumée.

XXV.

ITEM. Que nuls Marchands de cette Ville de Paris ne autres ne pourront exposer en vente aucune Marchandise en ladite Ville qu'ils auront amenée ou fait amener de dehors audit Estat requis, que premierement ne soient visitées par les Jurez dudit Mestier, & qu'ils ne la puissent mettre

tre en leurs Maiſons ou Chantiers, ſans avoir eſté viſitée, comme dit eſt, ſur peine de 40 ſ. pariſis, moitié au Roy, & l'autre moitié à ladite Confrerie & Jurez.

XXVI.

ITEM. Si aucun Marchand dudit Eſtat ait eſté repris, & qu'il ait payé l'amande, & qu'il continue à ce faire, que ſa Marchandiſe ſoit confiſquée, moitié au Roy, & l'autre moitié à ladite Confrerie & Jurez.

XXVII.

ITEM. Que nul Maiſtre dudit Meſtier ne prenne Compagnon Forain pour beſogner dudit Meſtier, que premier il ne baille à ladite Confrerie 5 ſ. pariſis, & qu'il faſſe apparoir par Lettres ou par preuve de ſon apprentiſſage, & ſur peine de 20 ſ. pariſis d'amende, moitié audit Seigneur, & l'autre moitié à ladite Confrerie & Jurez à payer par le Maiſtre qui à ce recevra ledit Forain.

XXVIII.

Item. Que chacun desdits Maîtres & Compagnons receus audit Métier, comme dit est, paye chacun an au jour Saint Fiacre auquel ils feront leur Feste & leur Confrerie 12 den. parisis.

XXIX.

Item. Que nul dudit Mestier ne pourra besogner dudit estat que jusqu'à huit heures du soir, sur peine de 8 s. parisis d'amende, moitié au Roy, & l'autre moitié à ladite Confrerie & Jurez.

Pour les Articles estre convertis en Statuts & Ordonnances, & selon iceux ledit Mestier regir en ordre & police, sur quoi le Roy notredit Seigneur auroit imparti ses Lettres du 23 Decembre 1521 : A Nous adressans pour informer sur le contenu desdites Lettres, pour ce fait ladite information avec l'avis & déliberation de Nous & de notre Conseil être renvoyé par devers lui pour y pourvoir comme de raison, ainsi que plus à plein est contenu & déclaré esdites Lettres, desquelles la teneur ensuit.

FRANCOIS par la grace de Dieu, Roy de France : Au Prevôt de Paris ou son Lieutenant, SALUT. Receus avons l'humble supplication de nos bien amez les Maistres Jurez du Mestier de Layetiers-Escreniers en la Ville de Paris, Contenant que ledit Mestier se consiste en plusieurs Ouvrages, & pour ce que certains Statuts & Ordonnances qu'ils avoient d'ancienneté ont esté perdus & adhirez, dont ils ne peuvent de présent faire apparoir, plusieurs abus se font & commettent en icelui : A CES CAUSES Nous ont esté presentés certains Articles, Statuts & Ordonnances, nous requerant pour le bien profit & utilité de la chose publique, & que ledit Mestier soit conduit en ordre & police, iceux leur confirmer & sur ce impartir notre grace, pourquoi nous ces choses considerées, Voulant chacune des Statuts de Notre Royaume estre regi en ordre & police, pour ces causes & autres à ce nous mouvans: Vous mandons & commettons par ces Presentes, que appelle nostre Procureur & Officier, vous vous informiez bien & deuement sur le contenu des Articles que Nous vous envoyons enclos sous le contre-Scel de notre Chancellerie fait de la commodité ou incommodité de nous, & de la chose publique, & ladite information avec l'avis de vous & de nosdits Procureurs & Officiers renvoyé par devers nous pour y pourvoir comme de raison: Car ainsi nous plait estre fait nonobstant quelconques Lettres subreptices à ce contraires: Mandons & commandons à tous nos Officiers Justiciers & Sujets que à l'execution des Presentes soit obei. Donné à Paris le vingt-troisiéme jour de Decembre, l'an de Grace 1521. Et de notre Regne le septiéme. Signé, par le Roy à la relation du Conseil DESLANDES.

Par vertu desquelles information auroit esté faite en la presence de notre amé Maistre Robert Piedefer, Conseiller & Avocat du Roy nostre Seigneur au Chastelet de Paris, par feu noble homme sage Me Louis Riezé en son vivant Conseiller du Roy, nostredit Seigneur & Lieutenant Civil de ladite Prevôté de Paris, sur laquelle & certain acte de Nous donné le 31 Janvier 1522, contenant l'avis & déliberation du Conseil pour ce assemblé avec le Procureur dudit Seigneur, dont la teneur ensuit.

A TOUS ceux qui ces presentes Lettres verront, Gabriel Baron & Seigneur d'Alegre, S. Just, Meillantoryes, S. Dier & de Pussol, Conseiller, Chambellan du Roy nostre Sire & Garde de la Prevôté de Paris, Salut. Sçavoir faisons, que veues les Lettres Royaux du Roy nostredit Seigneur à Nous adressans, signées Deslandes, donné à Paris en datte du 23 Decembre 1521 : obtenues par les Maistres Jurez du Mestier de Layetiers & Escreniers de la Ville de Paris, par lesquelles le Roy nostre dit Seigneur veut & Nous mande par iceluy que appellé le Procureur & Officiers d'icelui Seigneur, informions bien & deuement, & sur ce contenues ces Articles à Nous envoyés sous le Contre-Scel de la Chancellerie de la commodité ou incommodité dudit Seigneur & de la chose publique & ladite information avec l'avis de nous du Procureur & Officlers dudit Seigneur, eussions à renvoyer par devers lui pour pouvoir comme de raison ; & ensuivant lesquelles en obtemperant à icelles fussions communiqué lesdites Lettres & Articles audit Procureur du Roy & autres Officiers d'icelui Seigneur, sur lesquelles avons bien & diligemment informé de la commodité ou incommodité d'iceux Articles en la presence de honorable homme & sage Me Robert Piedefert Conseiller & Avocat d'icelui Seigneur, laquelle information auroit semblablement esté communiquée audit Procureur du Roy, après laquelle communication : Ouy sur ce l'avis & déliberation desdits Avocat & Procureur du Roy & autres Conseillers dudit Seigneur, nostre avis est que les premier, deuxiéme & neuviéme Articles sont raisonnables pourveu que ladite visitation se fasse par lesdits Jurez sans fraude à prix raisonnable non excessif & sans exaction, les 3 & 2e Articles que avant proceder à ladite confiscation que le Marchand ait esté repris par plusieurs fois, que la 4e Article est raisonnable, & que ledit Apprentif ne pourra estre moins que de quatre ans complets, que le 5e est raisonnable, que les 6 & 7 sont raisonnables, que le 8 est raisonnable, sans ce que ledit voulant estre Maistre soit tenu faire lesdites dépenses & Banquets ausdits Maistres Jurez, lesquels nous avons prohibés & deffendus; que les 11, 12 & 13e sont raisonnables; & afin que lesdits Maistres & Apprentifs soient plus continuez en leur besogne & ouvroüer sans avoir cause ou matiere de vacquer & se debaucher, ils ne pourront contre-porter leurs Marchandises par les rues pour icelles vendre, mais la pourront vendre en leurs Maisons & Ouvroüers à tous autres Marchands & autres de quelques estats qu'ils soient, qui en en pourront contre-porter & faire ce que bon leur semblera, & lesquelles lesdits Articles informations & avis nous vous envoyons féablement clos & scellez sous le Contre-Scel de ladite Prevosté de Paris, pour y estre pourveu, ainsi que verrez estre à faire par raison : En témoin de ce nous avons fait mettre à ces Presentes le Scel de ladite Prevosté de Paris. Ce fut fait l'an 1522 le 31 & dernier jour de Janvier, ainsi signé, LORMIER. Icelui Seigneur nous auroit décerné ses autres Lettres du 26e jour de Mars 1526 dernier passé, desquelles la teneur ensuit.

FRANCOIS par la grace de Dieu, Roy de France : Au Prevôt de Paris ou son Lieutenant, Salut. Receus avons l'humble supplication des Maistres Jurez du Mestier de Layetier & Escreniers en cette Ville de Paris, Contenant qu'ils ont de nous obtenu en notre Chancellerie les Lettres cy-attachées sous nostre Contre-Scel à Nous adressans, par lesquels vous est mandé pour les causes contenues en icelui, informé sur la commodité ou incommodité des choses contenues esdites Lettres & Articles plus amplement specifiez, ce qui a esté fait par vous selon le contenu desdites Lettres, & reste de present pourvoir sur lesdits Articles, selon la matiere sujette, ausquelles choses fournir & pourvoir pour le bien des parties, & aussi que vous estes Juges ordinaire d'icelui est expedient ausdits Supplians avoir de nous Lettres de Commission à vous adressantes, parcequ'il n'y pourrions entendre ne vacquer. A CES CAUSES lesdits Supplians Nous ont humblement fait supplier & requerir que sur ce leur veuillons pourvoir de remede convenable, pourquoy Nous ces choses considerés ; Voulans subvenir à nos Sujets selon l'exigence des cas, vous mandons & pour les causes dessus dites, commettons par ces Presentes que appellé nostre Procureur du Chastelet de Paris & autres, qui pour ce feront appeller, vous pourvoyez sur lesdits Articles & informations ausdits Supplians pour le bien & utilité de la chose publique, comme verrez au cas appartenir, ainsi qu'il appartiendra par raison, & que au tems à venir lesdits Supplians n'ayent cause de retourner plaintif par devers Nous : Car ainsi Nous plaist ; il estre fait nonobstant quelconques Lettres impetrées ou à impetrer à ce contraires. Mandons & commandons à tous nos Justiciers, Officiers & Sujets que à vous en ce faisant soit obei. Donné à Paris le 26e jour de Mars l'an de grace 1526 avant Pasques, & de nostre Regne le treisiéme. Signé par Roy à la relation du Scel, PICARD. Et scellé de Cire jaulne sur simple queue.

Tous lesquelles Lettres avec ladite information faite sur la commodité ou incommodité desdits Articles ; & ouy sur ce le Procureur du Roy nostredit Seigneur aud. Chastelet, Nous avons dit & ordonné, disons & ordonnons que lesdits Articles seront ajoutez aux Ordonnances dudit Mestier selon que contenu est audit Acte du 31 & dernier Janvier 1522 cy-dessus transcrit, & lesquels nous avons homologuez & homologons, octroyez & autorisons, & à iceux observer, garder & entretenir les autres Maistres dudit Mestier, & tous autres qu'il appartiendra, seront contraints par toutes voyes & manieres deues & raisonnables ; En temoin de ce nous avons fait mettre à ces Presentes le Scel de ladite Prevôté de Paris. Ce fut fait le 27 Juin 1527. Signé,

MOISAIT.

Articles que lesdits Maistres Jurez ont ajouté aux anciens.

PREMIEREMENT.

ITEM. Pourront lesdits Maistres Layetiers & Escreniers faire tous Tableaux de Bois à moulure servans à mettre Miroirs de Cristalin de Venise & tous autres Cristalins & Miroirs servans à mirer en forme de Tableaux, que les Maistres Doreurs sur Cuir de Paris ont accoustumé garnir, & autres de quelque matiere qu'ils soient.

II.

ITEM. Pourront lesdits Maistres Layetiers faire toutes Layettes & Boëtes façon d'ovalles de tous bois & de toutes façons.

III.

ITEM. Que Serviteurs ne pourront besogner en cette Ville & Fauxbourgs de Paris pour tenir Boutique dudit Mestier, & seront sujets servir lesdits Maistres jusques à ce qu'ils soient receus Maistres, sur peine de quatre Ecus d'amende, moitié au Roy & moitié à ladite Confrerie & Jurez.

IV.

ITEM. Que tous Maistres & Compagnons dudit Mestier de Layetier, Escrenier seront tenus payer trois deniers chacunes semaines pour entretenir le Service Divin de ladite Confrerie.

V.

ET deffenses soient faites à toutes personnes de n'entreprendre sur lesdits Articles, sinon les Maistres Jurez dudit Mestier de Layetier & Escrenier sur peine de quatre Ecus d'amende applicable comme dessus. Signé, DUHAMEL, & plus bas est écrit.

Collationné à l'Original en parchemin par les Conseillers du Roy, Notaires au Chastelet de Paris, soussignez. Ce fait rendu cejourd'huy vingt-quatriéme May mil six cens quatre-vingt-dix. Signé, BOUCHER & BOISSEAU avec paraphes.

Collationné sur ladite Copie collationnée à l'instant rendue par les Notaires du Roy à Paris soussignez le trente May mil sept cens quatorze. LE COURT.

HENRY par la Grace de Dieu, Roy de France & de Pologne, au Prevost de Paris ou son Lieutenant ; SALUT. Nous vous renvoyons certains Articles, Statuts & Ordonnance que les Maistres Jurez du Mestier de Layetiers Escreniers de cette nostre Ville de Paris, Nous ont presenté en nostre Conseil, & Vous Mandons, Commandons & enjoignons que appel nostre Procureur. Vous ayez a informer de la commodité ou incommodité que l'on pouroient recevoir en accordant & confirmant le contenu en icelle, de ladite information faite la renvoyer pardevant nous en nostre Conseil, avec vostre avis & de nostre Procureur, pour le tout veu leur estre pourveû ainsi qu'ils verront estre à faire par raison. De ce faire vous donnons pouvoir : Car telle est nostre plaisir. Donné à Paris ce septiéme jour de Janvier, l'an de grace 1582, & de nostre Regne le huitiéme. Ainsi signé Par le Roy en son Conseil,

DE VERTON.

HENRY par la grace de Dieu Roy de France & de Pologne : A tous presens & à venir, SALUT. Nos chers bien amez les Maistres Jurez Layetiers & Escreniers de nostre Ville de Paris Nous ont fait dire & remontrer que pour la conduite, police & entretenement dudit Mestier, & obvier aux fautes & abus qui se commettoient en l'exercice d'icelui, ils auroient long-temps adressé certains Statuts, Articles & Ordonnances politiques qu'il leur auroient esté accordez

accordez & octroyez par nos Predecesseurs Rois, même par nostre tres-honoré Seigneur & Ayeul le Roy François (que Dieu absolve) verifiez & enregistrez au Siege de la Prévôté & Chasteler de nostre Ville de Paris, & depuis observez & gardez, sinon que depuis quelque temps, que par la negligence & mauvais devoir qu'ont cy devant fait aucuns Jurez Maîtres dudit Mestier, l'observation désdits Statuts & le bon ordre qui y avoit esté étably seroit demeuré en arriere & ces abus renouvellez au grand préjudice & dommage du Public, pour à quoy remedier & mettre les choses en leur estat, les Exposans ont depuis nagueres fait mettre & rediger par écrit leursd. anciens, Statuts & Ordonnances politiques, & à icelles fait augmenter & ajouter quelques Articles qu'ils ont estimé & trouvé estre utiles & necessaires pour le bien & commodité public, police

& entretenement dudit Mestier, lesquels nous aurions renvoyé à nostre Prevost de Paris ou son Lieutenant pour appeller nôtre Procureur, informer de la commodité ou incommodité du contenu en iceux & nous en donner son avis: Ce que il auroit fait, au moyen de quoy lesdits Exposans se seroient retirez pardevers nous & trés humblement supplié & requis leur en vouloir octroyer nos Lettres d'homologation & approbation necessaires. Sçavoir faisons que Nous inclinant liberalement à la supplication & requeste desd. Maistres Jurez dudit Mestier de Layetiers & Escreniers, aprés avoir fait voir en nostre Conseil les Articles tant anciens que nouveaux, renvoy d'iceux à nostre Prevost de Paris, & avis sera à Nous donné, le tout y attaché sous le contre-Scel de nôtre Chancellerie. Avons tous lesdits Statuts, Ordonnances & Articles susdits, louez, ratifiez, approuvez & émologuez, loüons, ratifions, approuvons & émologuons, voulons & Nous plaist qu'ils soient entretenus, gardés & observés de point en point sans y être contrevenu en aucune maniere. SI DONNONS EN MANDEMENT audit Prevost de Paris ou son Lieutenant & à tous nos autres Justiciers & Officiers qu'il appartiendra, que nostre presente ratification & émologation ils fassent lire, publier & enregistrer, & du contenu en icelle & esdits Articles joüir & user lesdits Exposans & leurs Successeurs pleinement, paisiblement & perpetuellement sans leur faire ni souffrir leur estre fait, mis ou donné aucun trouble ou empêchement à ce contraire, contraignant à ce faire, souffrir & y obeïr tous ceux qu'il appartiendra & pour ce ferons contraindre par toutes voyes & manieres deues, & raisonnables, nonobstant oppositions ou appellations quelconques, pour lesquelles sans préjudice d'icelles ne voulons être aucunement differé. Car tel est nostre plaisir, & afin que ce soit chose ferme & stable à toujours, nous avons fait mettre nostre Scel à ces Presentes, sauf en autres choses nostre droit & l'autruy en toutes. DONNE' à Paris au mois de Fevrier l'an de grace mil cinq cens quatre-ving-deux, & de nostre Regne le huitiéme. Ainsi signé sur le reply, par le Roy en son Conseil, Me Jean Bulion M^e des Requestes ordinaires de son Hostel present, DE VERTON. *Et à costé*, VISA, CONTENTOR, COMBAUD Et scellé du grand Sceau de cire jaune sur lacs de soye rouge & verte.

A TOUS ceux qui ces presentes Lettres verront, Antoine Duprat, Chevalier de l'Ordre du Roy, Seigneur de Nanthoilles, Bre-rytozay & de Fourmieres, Baron de Thurthoury & de Viteaux, Conseiller de Sa Majesté, son Chambellan ordinaire & Garde de la Prevosté de Paris, SALUT. Sçavoir faisons, qu'aujourd'huy datte de ces Presentes, Veues les Lettres Patentes du Roy en forme de reglement données à Paris au mois de Fevrier mil cinq cens quatre-vingt-deux dernier, signées sur le reply par le Roy Me Jehan Bullion Me des Requestes ordinaire de son Hôtel, present de Verton & à côté, Visa, Contentor, Combaud, & scellées en lac de soie du grand Scel de cire jaune, obtenues & impetrées par les Maistres Jurez Layetiers & Escreniers de nostre Ville de Paris: Contenant que pour la conduite, police & entretenement dudit Mestier, & obvier aux fraudes qui se commettent à l'exercice d'icelui, ils avoient long-temps addressé certains Statuts, Articles & Ordonnances politiques, qui leur avoient esté accordés par les Predecesseurs

Rois de France, verifiez & entregistrez au Siege de cette Prevosté & depuis observez & gardez, sinon que depuis quelques temps par la negligence & mauvais devoir qu'avoient cy-devant fait aucuns Jurez & Maistres dudit Mestier, l'observance desquels Statuts & le bon ordre qui y avoit esté étably estoit demeuré en arriere & lesdits abus renouvellez au grand préjudice & dommage du public, pour à quoy remedier & remettre les choses en leur estat, iceux Exposans avoient puis naguéres fait metre & rediger par écrit leursdits anciens Statuts & Ordonnances politiques, & à icelles fait augmenter & ajouter quelques Articles qu'ils avoient estimé & trouvé estre utiles & necessaires pour le bien & commodité publique, police & entretenement dud. Mestier lesquels nous avoient esté renvoyées pour donner sur ce nostre avis, ce qui auroit par nous esté fait, lesquelles Lettres Patentes ledit Sieur nous auroit mandé faire lire, publier & enregistrer, & du contenu en icelles & desdits Articles & Ordonnances faire joüir & user lesdits Exposans & leurs Successeurs pleinement, paisiblement & perpetuellement; sans leur faire ni souffrir leur estre fait ou donné aucun trouble ou empêchement au contraire, contraignant à faire souffrir & obéir tous ceux qu'il appartiendra & pour ce seront à contraindre par toutes voyes deues & raisonnables, nonobstant oppositions ou appellations quelconques, pour losquels ledit Sieur Roy ne vouloit estre differé, ainsi que le contiennent plus amplement les autres Lettres, la verification & émologation desquelles Lettres, Articles & Ordonnances par eux obtenues dudit Sieur Roy, lesdits Exposans nous auroient humblement requis pour consideration du contenu en laquelle Requeste, & aprés que de nostre

Ordonnance lesdites Lettres Patentes, Articles & Ordonnances attachées ausd. Lettres sous le contre-Scel de la Chancellerie, ont esté montrées & communiquées au Procureur du Roy en la Cour de ceans : Nous du consentement dudit Procureur du Roy, avons lesdites Lettres Patentes, Articles & Ordonnances entherinées & verifiées pour jouir par lesdits Impetrans & leurs Successeurs audit Mestier du contenu en icelles pleinement, paisiblement & perpetuellement selon leur forme & teneur, nonobstant oppositions ou appellations quelconques, ainsi qu'il nous est mandé par icelles, & outre ordonnons que icelles Lettres & Articles seront registrées ès Registres dudit Chastelet, en temoin de ce Nous avons fait mettre à ces Presentes le Scel de ladite Prévosté de Paris. Ce fut fait par noble homme & sage Me Antoine Seguier, Conseiller du Roy nostre Sire audit Chastelet, & Lieutenant Civil de la Prevosté de Paris, le Mercredy vingt-uniéme jour de Fevrier, l'an de grace mil cinq cens quatre-vingt-deux.

DROUART.

Lesdit Statuts ont esté imprimés du temps de FRANCOIS DEBRIE, le jeune, DENIS ALLIX, FRANCOIS DEHAME, & JEAN PIEVOT, tous Jurez de present en Charge en l'année 1725.

www.ingramcontent.com/pod-product-compliance
Ingram Content Group UK Ltd.
Pitfield, Milton Keynes, MK11 3LW, UK
UKHW021912290826
14628UKWH00020B/2648

9 782019 147396